SPIELZEUGLAND SEIFFEN

Es fotografierte Werner Reinhold
Den Text schrieb Hermann Heinz Wille

VEB F. A. Brockhaus Verlag Leipzig

Einband Vorderseite:
Blick auf das Spielzeugdorf von der Friedenshöhe aus

Einband Rückseite:
Der »Seiffener Weihnachtsberg« im Spielzeugmuseum
zeigt den Weihnachtsabend im Spielzeugdorf mit Mettengang, Mettenlaternen und Turmblasen

ISBN 3-325-00211-0

Lizenz-Nr.: 455/150/28/89 · LSV 5219
Lektorat und Bildauswahl: Dorothea Harasim
Reihengestaltung: Hans-Jörg Sittauer
Layout: Marlis Freitag
Printed in the German Democratic Republic
Gesamtherstellung: Druckerei Fortschritt Erfurt
Redaktionsschluß: 30. 12. 1987
Bestell-Nr.: 586 639 3
01000

Geht von Seiffen die Rede, verbinden sich damit selbst für jene, die den Ort nicht aus eigenem Erleben kennen, Begriffe wie Erzgebirge, Spielzeugwinkel, Sommerurlaubs- und Wintersportgebiet. Bildhafter sind die Vorstellungen derer, die als Urlauber oder Touristen nähere Bekanntschaft mit dem Kurort auf dem Kamm des mittleren Erzgebirges geschlossen haben, die sich auskennen in der Landschaft des »Seiffener Winkels« mit ihren Bergen und Wäldern und die Freundlichkeit der Bewohner zu loben wissen. Sie sehen das Ortsbild so vor sich, wie es die Urlaubsfotos und Bildkarten zeigen:

Der Spitzberg (712 m) und der Reicheltberg (741 m), der Schwartenberg (789 m) und der Ahornberg (833 m), die »Hausberge« Seiffens, betten den Ort in eine weite, vom Seiffenbach durchflossene Mulde. Wie Spielzeug aufgereiht entlang der Talstraße, hingestreut über die Berglehnen die spitzgiebeligen, schiefergedeckten Häuser der ehemaligen Berg- und Hüttenleute, der Spielzeugmacher. Im Mittelpunkt das 1926 in Form eines Grubengebäudes erbaute Rathaus, die achteckige Barockkirche mit ihrem hohen Zeltdach und dem Glockentürmchen. Nachgestaltet von Bastlerhand, arrangiert wie auf einem Weihnachtsberg, findet sich das »Seiffener Dorf« im 1953 eröffneten Erzgebirgischen Spielzeugmuseum wieder, wird es en miniature als Spielzeug in Spanschachteln verpackt in alle Welt verschickt.

Die wechselvolle Geschichte Seiffens reicht bis weit über die Anfänge der Spielwarenherstellung in die erste Hälfte des 14. Jahrhunderts zurück, als die unwirtliche Mittelgebirgsschwelle zwischen Böhmen und der Mark Meißen noch Miriquidi – Dunkelwald – hieß. Nach den Silberfunden bei Freiberg, mit denen die bergmännische Erschließung des Gebirges begann, stießen um 1200 von Böhmen her Gefolgsleute der Grafen von Bilin, von Zisterziensermönchen aus Ossegg (Osek) begleitet, in den Dunkelwald vor, um an den Schätzen der Berge teilzuhaben. Nicht nur wo Glücksfunde gediegener Metalle abbauwürdige Lagerstätten erhoffen ließen, entstanden bergmännische Ansiedlungen, sondern auch an Plätzen, wo die Gebirgsbäche in Geröll und Sand Zinngraupen mit sich führten.

Auf das Auswaschen, das »Ausseifen« der Zinngraupen aus dem Bachgeröll, geht vermutlich der Ortsname »cynsifen« zurück, urkundlich erstmals 1324 in einem markgräflichen Lehnbrief über Sayda und Purschenstein erwähnt. Reichere Ausbeute erhoffend, drangen die Zinnseifner bald schon in den Schoß der Berge ein, gewannen sie als Bergleute mit Schlägel und Eisen das Zinnerz dort, wo es »wuchs«. Rings um »die Schwarte«, wie der Volksmund den Schwartenberg nennt, entwickelte sich zwischen dem 15. und 17. Jahrhundert ein reger Grubenbetrieb, der auch die Zinngießerei ansässig werden ließ. Um 1600 wurde Seiffen, das damals bereits acht Pochwerke zählte, Sitz eines Vasallenbergamtes für das Saydaer Gebiet. Technische Erschwernisse beim Vordringen in größere Teufen und das Sinken der Weltmarktpreise für Edel- und Buntmetalle durch billige Importe aus Übersee führten im folgenden Jahrhundert zum unaufhaltsamen Niedergang des Zinnbergbaus im Seiffener Winkel. Der Siebenjährige Krieg (1756–1763) und der Bayrische Erbfolgekrieg (1778–1779) brachten ihn fast völlig zum Erliegen. 1849 wurde der letzte Seiffener Bergbaubetrieb geschlossen und das Bergamt aufgelöst.

Fünf Jahrhunderte Seiffener Bergbau haben ihre Spuren bis heute im Ortsbild hinterlassen, leben weiter im Bewußtsein der Einwohner, bilden den Schlüssel zum Verständnis für die Eigenheit des aus ihm hervorgegangenen Holzgestaltens. Die überlieferten Sachzeugen des Bergbaus werden liebevoll bewahrt und in vielgestaltiger Weise der Öffentlichkeit zugängig gemacht. Ein Beispiel für viele: der Bergbaulehrsteig. Angelegt von den Mitgliedern der Arbeitsgemeinschaft Bergbauforschung im Kulturbund, erschließt der Steig seit 1986 das Bergrevier um die beiden Seiffener Bingen, die Anfang des 16. Jahrhunderts durch den Zusammensturz der Gruben »Neu Glück« und »Geyerin« entstanden sind.

Wanderwege führen, an verwachsenen Schürfen und Halden kleinerer Zechen vorbei, hinunter in den Seiffengrund zum Mundloch des ehemaligen »Tiefen-Dreifaltigkeit-Stollen«, in entgegengesetzter Richtung zum Schwimmbad hinauf. Das in dem einstigen Entwässerungsstollen noch immer zutage tretende Wasser trägt heute – in Rohrleitungen eingefangen und in einen Hochbehälter auf dem Reicheltberg gepumpt – zur Trinkwasserversorgung des Ortes bei. Das Schwimmbad erinnert an den 1708 angelegten großen Pochwerksteich, der das vom Heidengraben herangeführte Wasser der Schweinitz staute, um die im Tal gelegenen Pochwerke mit Aufschlagwasser zu versorgen.

Technische Anlagen der einst zahlreichen Pochwerke zur Aufbereitung des Zinnzwitters blieben in Seiffen nicht erhalten. Eine Vorstellung von der Funktion ihres Wasserradantriebes vermittelt ein Blick auf das großmächtige, oberschlächtige Wasserrad und in die Radstube des 1758/60 erbauten Wasserkraft-Drehwerkes am oberen Ortsende von Heidelberg. Ausschließlich für den Antrieb von Drehbänken zur Holzbearbeitung bestimmt und damit einmalig in seiner Art, wurde es schon 1951 unter Denkmalschutz gestellt. Seit seiner Wiedereröffnung im Jahre 1973 bildet es den Ausgangs- und Mittelpunkt des im Aufbau befindlichen Freilichtmuseums.

Nicht weit davon entfernt ein von der Binge umgesetztes, originalgetreu wiederaufgebautes und eingerichtetes Bergmannshaus, das anschaulich zeigt, wie kümmerlich die Bergleute wohnten und lebten. Der niedrigen Wohnküche gegenüber befindet sich der Stall für die Ziege, die Zukost für die kargen Mahlzeiten der kinderreichen Bergmannsfamilien lieferte. Im Dachgeschoß die Schlafkammern. Am Hausgiebel, über dem Dunghaufen, ein bretterverschalter Anbau, das verschwiegene Örtchen. Ebenso bescheiden sind Mobiliar und Hausrat im Waldarbeiterhaus aus Brüderwiese, im Flößerhaus aus Rechenberg-Bienenmühle, im Wasserkraft-Sägewerk aus Pfaffenhain. Die Besucher sollen sich zukünftig auch in einem Spielzeugmacher-Wohnhaus umsehen können, denn das Freilichtmuseum will darstellen, wie die Bewohner des Seiffener Winkels nach dem Niedergang des Bergbaus vom Holz der Wälder lebten.

Die Bergleute verstanden es seit je, ihre im Bergbau und in der von ihnen betriebenen Häuslerwirtschaft erworbenen handwerklichen Fähigkeiten zum Schnitzen und Basteln zu nutzen. Mit dem scharfen Tscherpermesser fertigten sie für den Eigenbedarf hauswirtschaftliche Gebrauchsgegenstände wie Löffel, Quirle, Werkzeugstiele, Rechen, aber auch einfaches Holzspielzeug für die Kinder. Als eine der ersten figürlichen Darstellungen gestaltete der schnitzende Bergmann sein Ebenbild als Träger werteschaffender Arbeit mit der gefüllten Erzmulde auf der Schulter und dem Grubenlicht in der Hand. Angeregt wurden diese volkskünstlerischen Schnitzereien durch die Bergmannsdarstellungen an Altären und Kanzeln der Bergmannskirchen wie der berühmten Tulpenkanzel im Freiberger Dom (1508/1510). Der Bergmannsfigur gesellten die Schnitzer die Bergmannsfrau in ihrem Festtagskleid als lichttragenden Engel hinzu. Beide Figuren offenbaren die Sehnsucht des Bergmannes nach Licht, Wärme und Geborgenheit. Im Laufe der Jahrhunderte wurden sie zu Sinnbildern der erzgebirgischen Lichterweihnacht.

Während sich die Schnitzerei als Volkskunst vorwiegend im Westerzgebirge verbreitete, begünstigte im östlichen Erzgebirge, so im oberen Flöhatal und im Seiffener Winkel, die Übernahme der Drechseltechnik die Herausbildung der gewerblichen Holzwarenproduktion. Bereits 1644, als der Zinnbergbau noch voll im Gange war, sind in Seiffen die ersten Holzdrechsler nachgewiesen, die auf der Wippe mit Schnurzug oder der Drehlade mit Fußantrieb Rockenstöcke und Spindeln, Teller und Schüsseln, Knöpfe, Feder- und Nadelbüchsen drehten. Gleichzeitig entstand aus der Grundform der gedrungenen Säule, der sogenannten Docke, das beliebteste Kinderspielzeug – die gedrechselte Puppe.

Der Seiffener Leinwandhändler Johann Friedrich Hiemann, der mit dem Schiebbock, einem einrädrigen Schubkarren, über Land fuhr, soll 1699 als erster die Idee gehabt haben, auf der Leipziger Messe neben Leinwand auch Drechselwaren feilzubieten. Trotz des guten Absatzes und wachsender Nachfrage ging in der ersten Hälfte des 18. Jahrhunderts die Holzwarenproduktion zurück, da ein zwischenzeitlicher Aufschwung des Seiffener Bergbaus alle verfügbaren Arbeitskräfte band. Allein dem Seiffener Drechsler Andreas Hiemann gelang es, die Kontinuität der Holzbearbeitung zu wahren. Nach dem Niedergang des Bergbaus war es wiederum ein Hiemann, der die Aufmerksamkeit des Bergamtes auf das Holzgewerbe als Broterwerb für die in Not geratenen Berg- und Hüttenleute lenkte.

Um 1760 karrte Christian Friedrich Hiemann seinen mit Seiffener Drechslerwaren beladenen Schiebbock zur Leipziger Messe und brachte so viele Bestellungen auf »Spielzeug nach Nürnberger Art« mit zurück, daß sie von den Drechslern im Seiffener Winkel mit der herkömmlichen Technik kaum bewältigt werden konnten. Das Bergamt zeigte sich einsichtig und erteilte die Genehmigung, den Wasserradantrieb der ruhenden Pochstätten im Seiffenbachtal zum Antrieb der Drehladen umzurüsten. Eben damals erfolgte der Bau des Wasserkraft-Drehwerks in Heidelberg. Es wurde eingerichtet mit sieben vermietbaren Drehstellen. Auf eine leistungsfähigere technische Basis gestellt, qualifizierte sich der Bergmann zum Spielzeugmacher, entwickelte sich der ehemalige Bergflecken zu einem Zentrum der Holzwarenproduktion, das um 1800 in Seiffen und Heidelberg weit über 100 Drechsler zählte.

Lieferten die Produzenten ihre Ware anfangs im Hausierhandel oder durch Feilbieten auf den Jahrmärkten direkt an die Konsumenten, so übernahmen nunmehr Zwischenhändler und Verleger den Absatz. In Seiffen gründete Christian Friedrich Hiemann eines der ersten Verlagsgeschäfte. Händler aus Waldkirchen, Grünhainichen und Olbernhau, die Verbindungen zu Großhändlern in Nürnberg und Sonneberg unterhielten, öffneten den Seiffener Drechslerwaren den Weg auf die europäischen Märkte und bereits 1784 nach Übersee. Über das vielfältige Sortiment gibt Merkels Erdbeschreibung vom Jahre 1804 Auskunft:

»Allein seit etwa 50 Jahren ist die Mannigfaltigkeit und Schönheit der Waaren, damit aber auch der Absatz unglaublich gestiegen. Man fertigt jetzt, außer zahllosen Arten von Figuren, Kästchen und Büchschen, kleinen und großen Gruppen von klingendem, quiekendem, bellendem und knarrendem Spielzeug, besonders die jetzt so beliebten kleinen Häuser, Paläste, Kirchen, Bäume, Zelter, Mauern, Bauhölzer etc., aus welchen Kinder nach Gefallen ganze Städte, Festungen, Klöster, Gärten, Ställe, Schuppen etc. zusammensetzen können ... Nächst künstlicher Spielware fertigt man aber auch nutzbares Geräthe, wie Punschlöffel, Zitronenpressen, Nusknacker, Nähkästchen, Garnwinden, Schreibzeug etc ...«

Eine sprunghafte Erweiterung der gestalterischen und ökonomischen Möglichkeiten ergab sich mit der Einführung des Reifendrehens, das die Serienherstellung von Tierprofilen aus ganzen Stammabschnitten vereinfachte und verbilligte.

Wer der geschickte Drechsler war, der die hohe Kunst des Reifendrehens in Seiffen eingeführt hat, ist archivalisch nicht nachweisbar. Einig sind sich die Experten darin, daß es um das Jahr 1800 gewesen sein muß. Die Legende, ein hiesiger Drechsler habe in der Randwulst eines zerbrochenen Tellers das Profil eines Vogels erkannt und sei so zum Reifendrehen gekommen, ist längst widerlegt. Das Reifendrehen entstand in einem langwierigen Entwicklungsprozeß, der, ausgehend von einfachen, in Reifen gedrehten Grundformen, über Zubehörteile für andere Spielzeuge und Holzwaren zur Technologie der in Reifen gedrehten Tierformen führte. Die Voraussetzung für die Anwendung der neuen Technologie bildete der Einsatz schwerer, zur Bearbeitung großer Werkstücke geeigneter Drehbänke mit Wasserkraftantrieb. Die Spezifik des für Seiffen typischen und nirgend sonst auf der Welt anzutreffenden Reifendrehens kann der Besucher in der Schauwerkstatt der PGH »Seiffener Volkskunst« ebenso wie im Wasserkraft-Drehwerk des Freilichtmuseums bewundern.

Als »Werkstoff« für das Reifendrehen wird hauptsächlich gutgewachsenes, astarmes Fichtenholz verwendet, das auf Längen von 15 bis 40 cm zersägt wird. Um ein Aufreißen zu verhindern, werden die Stammstücke in nassem Zustand bearbeitet. Die Reifendrehbank ist stabil zwischen Fußboden- und Deckengebälk verankert, um beim Drechseln die Vibration der auf die Drehbankspindel angeschlagenen Rohlinge abzufangen. Ein Schwenkbalken, das sogenannte »Aufgelege«, dient dem Reifendreher zum Abstützen der Unterarme als auch der freigeführten Drehstähle, nach altem Brauch »Dreheisen« genannt. Im ersten Arbeitsgang wird der Fichtenholzklotz mit dem Schruppeisen von der Rinde befreit und in eine geometrisch exakte Kreisform gebracht. Dann fährt der Drehmeißel zischend ins Holz und hebt lange Spanbänder ab, die schlangengleich über den Werkplatz züngeln. Mit einem halben Dutzend oder mehr verschiedener Dreheisen arbeitet der Reifendreher das Unterteil der Reifentiere, die Bauchlinie mit den Beinen und der Unterseite des Halses und des Kopfes heraus, wobei die Finger immer wieder prüfend über die Vertiefungen und Erhöhungen, die Rillen und Wülste gleiten. Fällt die Prüfung zur Zufriedenheit des Reifendrehers aus, wird der Reifen mit dem Stecheisen abgestochen, gewendet und einem Futter aufgesteckt.

Mit demselben Fingerspitzengefühl und wechselnden Dreheisen wie die Bearbeitung des Unterteils erfolgt das Drehen der Oberseite mit der Kopf- und Rückenlinie. Selbst dem beiderseits bearbeiteten Reifen ist noch nicht anzusehen, welches Tierprofil sich in seinem Querschnitt verbirgt. Erst nachdem der Reifen in fünfzig bis sechzig Segmente aufgespalten ist, treten herden- oder scharenweise Pferde oder Kühe, Schafe, Ziegen, Rehe, Hirsche, Hunde oder Katzen, kaum größer als eine Streichholzschachtel, hervor. Nicht weniger als 200 verschiedene Tierpaare – vom »Siebenerlei Gewürm« bis zur Giraffe und dem Elefanten – zählte ein kompletter Satz des in der zweiten Hälfte des vorigen Jahrhunderts weitverbreiteten »Archenviehs«.

Die Weiterverarbeitung der Reifen, vom Abspalten der Tierkörper und dem Zurichten mit dem Schnitzmesser, dem An- und Einleimen der Ohren, Schwänze oder Hörner bis zum Grundieren und Bemalen, erfolgte vorwiegend in Heimarbeit. In die Reifentierherstellung mit ihren bis zu dreißig Arbeitsgängen war die ganze Familie eingespannt, vor allem die Frauen und die Kinder. Der Verleger zahlte für ein Schock unbemalte kleine Reifentiere 5 oder 6 Pfennige, für bemalte 15, für etwas größere 30 Pfennige. Der Weiterverkauf an den Händler erfolgte zum drei- bis fünffachen Preis. Als »Pfengvieh, Elendsviech« ging die einfachste Sorte der Reifentiere in den Sprachgebrauch der Spielzeugmacher ein.

Formell war die Kinderarbeit zwar untersagt, aber selbst der Gemeindevorstand von Seiffen vertrat in einem 1905 an die Amtshauptmannschaft gerichteten Schreiben die Ansicht: ». . . daß diesen Kindern durch das Arbeiten das Essen besser schmeckt und dieselben dadurch markiger und kräftiger werden!« Noch um 1930 ließ der erzgebirgische Mundartschriftsteller Max Wenzel (1879–1948) in einem Gedicht die »Seiffner Kinner« fragen:

»Voter, gibt's Kinner of daarer Walt,
die sette Schaafle kaafen ums Geld?
Schaafle un Pfaarle, wie mer se sieht? –
Voter, wos machen de die dermiet? –
Spielzeugmacher, dos solln mir sei?!
Spielzeig, Spielzeig, do lach ich fei!
Spielzeig – von früh bis in die Nacht!
Werd immer un immer när Spielzeig gemacht –
un alles is Spielzeig, wos mer su sieht –
när annere Kinner spielen dermiet!«

Später als anderenorts erreichte die industrielle Revolution im Zeichen der Dampfmaschine, der Maschinenarbeit und des Fabriksystems den Seiffener Winkel, um den selbst die Eisenbahn einen Bogen machte. Während Grünhainichen schon 1851 zehn Spielzeugfabriken zählte, wurde in Seiffen die erste »Mechanische Spielzeugfabrik«, ein Dampfkraft-Drehwerk mit 150 Drehstellen, von auswärtigen Geldgebern finanziert, 1868 eröffnet. Trotz der wachsenden Konkurrenz der industriellen Spielwarenproduktion, die sich vor allem in Olbernhau konzentrierte, hielten die Spielzeugmacher in Seiffen und Heidelberg an der handwerklichen Fertigung fest. Auf die Wahrung der volkskünstlerischen Tradition bedacht, bestrebt, die Qualität der Erzeugnisse zu fördern, hatte man schon 1837 einen »Zeichenmeister« nach Seiffen geholt und 1853 die Staatliche Spielwarenfachschule gegründet. Ein weiterer Schritt zur Hebung der Spielwarenherstellung wurde 1870 mit der Gründung des Gewerbevereins getan, der 1874 in der Fachschule eine ständige Spielwarenausstellung einrichtete und durch Wettbewerbe die Einführung neuer Spielzeugmuster begünstigte.

Im Unterschied zur Nutzung der Dampfkraft trug der 1912 erfolgte Anschluß des Winkels an das Überland-Stromnetz wesentlich zum Erhalt des für Seiffen typischen Hausgewerbes bei. Der Kraftstrom ermöglichte es, selbst in den entlegensten Häusern der Spielzeugmacher, droben am Berghang, kleine, leistungsstarke Elektromotoren bei der Holzbearbeitung einzusetzen.

Ein Besuch des Spielzeugmuseums bestätigt es, daß – kulturhistorisch betrachtet – Kinderspielzeug als Abbild der Wirklichkeit die Lebensweise und den Zeitgeist der Gesellschaft widerspiegelt. So wurde vor und nach der Jahrhundertwende nicht nur das Steckenpferd von der Holzeisenbahn, dem Spielzeugauto und anderen Fahrspielen abgelöst, auch die Arche samt »Archenvieh« mußte ihre Beliebtheit an das neuentwickelte Seiffener Miniaturspielzeug abtreten. Mit ihm ließen sich Bauernhöfe, Dörfer, Städte, Bahnhöfe mit allem Zubehör und ganze Landschaften, Jagdszenen, Volksfeste und Bergaufzüge, aber auch Militärparaden und Schlachtszenen aufbauen. Eine Sonderform der Miniaturspielzeuggestaltung bildeten die in Streichholzschachteln eingesetzten Motivszenen, die infolge ihrer Originalität, ihrer Handlichkeit und Preiswürdigkeit ebenfalls großen Absatz fanden.

Insgesamt umfaßte die Produktionspalette der erzgebirgischen Holz- und Spielwarenherstellung im Seiffener Winkel und in einem halben Hundert weiterer Orte Ende der zwanziger Jahre nahezu 2000 verschiedene Artikel. So wie sich die selbständigen Spielzeugmacher in strenger Familienüberlieferung auf bestimmte Typen spezialisierten, wies jeder Herstellungsort seine »Spezifitäten« auf. In Deutscheinsiedel surrten – wie in Seiffen und Heidelberg – die schweren Drehbänke der Reifendreher. Hallbach lieferte für das Seiffener »Archenvieh« die Archen. Blumenau und Borstendorf spezialisierten sich auf Baukästen und Brettspiele, Rothenthal auf Schach- und Kegelspiele, Grünhainichen und Marienberg auf Puppenstuben, Kaufmannsläden, Pferdeställe, Kasperletheater. Die Puppenmöbel fertigte Eppendorf. Aus Deutschneudorf kamen Schmuckdosen und Federkästchen. Die Spanschachteln zum Verpacken der Menagerien und des Miniaturspielzeugs, hergestellt mit Hilfe der wasserkraftbetriebenen Spanziehmühlen, kamen aus Rübenau, aber auch aus Grünhainichen und Hallbach.

Neben dem Holzspielzeug, das auf den weihnachtlichen Gabentisch der Kinder wohlhabender Familien, weitab vom Spielzeugwinkel, so selbstverständlich wie Äpfel, Nüsse und Pfefferkuchen gehörte, war es die Fülle der in direktem Bezug zum Weihnachtsbrauch stehenden Figuren und sonstigen Drechslerwaren, die der Gegend um Seiffen Beinamen wie »Spielzeugwinkel«, »Werkstatt des Weihnachtsmannes« oder »Weihnachtsland« eintrugen. Schwibbogen, Hängeleuchter und Pyramide, Miniaturbaumschmuck und Krippendarstellungen gehörten ebenso dazu wie die berühmte Kurrende und die Striezelmarktkinder, die beide 1937 Goldmedaillen der Weltausstellung in Paris erhielten. Den traditionellen Lichterträgern Bergmann und Engel haben sich seit Mitte des vorigen Jahrhunderts Räuchermänner und Nußknacker als Symbolfiguren der erzgebirgischen Weihnacht hinzugesellt. Weit über ihr Ursprungsgebiet hinaus bekannt geworden, gehören sie heute zu den begehrtesten Erzeugnissen der Seiffener Holz- und Spielwarenindustrie.

Seit 1945 haben sich auch im Spielzeugwinkel tiefgreifende Veränderungen vollzogen, ist an der Lebensweise der Menschen nichts mehr zu spüren von dem kümmerlichen Dasein der Spielzeugmacher vergangener Zeiten. Gegenwärtig stützt sich die Spielzeugherstellung in Seiffen auf drei Betriebsformen: das selbständige Handwerk, die handwerkliche Produktionsgenossenschaft und die volkseigenen Kombinatsbetriebe. In den Werkstätten der über 100 selbständigen Handwerksmeister, von denen viele als »Kunstschaffende im Handwerk« anerkannt sind, trifft man oft noch die von Generation zu Generation überlieferten Familientraditionen an, findet sich die Eigenart der Seiffener Spielzeugherstellung besonders gewahrt. Als Beispiel dafür seien Erzeugnisse wie die »Original Füchtner« – Nußknacker und Räuchermänner, Bergmänner und Lichterengel – genannt, deren urwüchsige Grundformen vor über hundert Jahren vom Urgroßvater der heute tätigen Handwerksmeister entwickelt wurden. Die selbständigen Handwerker sind Mitglieder der Genossenschaft der Drechsler, Bildhauer, Holz- und Spielwarenhersteller, einer

Einkaufs- und Verkaufsvereinigung, die die Erzeugnisse ihrer Mitglieder unter der Bezeichnung DREGENO in den Handel bringt.

Einen neuen, den gesellschaftlichen Veränderungen gemäßen Weg beschritten jene Handwerksmeister und Spielzeugmacher, die sich im Oktober 1958 zu einer Handwerker-Produktionsgenossenschaft, der PGH »Seiffener Volkskunst«, zusammenschlossen. Zu ihrem Wahrzeichen wählten sie in Anlehnung an ein altes Seiffener Gemeindesiegel die Darstellung eines Bergmannes, der auf der linken Schulter einen gefüllten Erztrog, in der erhobenen Rechten ein Seiffener Klimperkästelkarussell hält. Nach dem Bau einer gemeinsamen Produktionsstätte richteten die Mitglieder der Genossenschaft 1959 eine Schauwerkstatt ein, in der den Besuchern vorgeführt wird, wie die Reifentiere, Nußknacker und Räuchermänner, Bergmänner und Lichterengel, die das Erzeugnissortiment der Genossenschaft bestimmen, entstehen.

Bleiben wir beim Nußknacker, dessen Herstellung nicht weniger arbeitsaufwendig ist als die Fertigung der Reifentiere. Aus den im Erzgebirge heimischen Hölzern, vorwiegend Fichte und Buche, werden zunächst die dockenförmigen Rundkörper, zu denen auch die Arme und die Beine, die Kopfbedeckung und der Sockel gehören, gedrechselt. Nicht zu vergessen die Knollen- oder im Reifen gedrehte und beschnitzte Hakennase. In einem weiteren Arbeitsgang wandert der auf Taille gearbeitete Rumpf zur Fräse, wird ein breiter Spalt angebracht, der die Kinnlade mit dem Hebel aufnimmt. Erst dieser macht den hölzernen Gesellen zum Nußknacker. Insgesamt setzt sich der Nußknacker, der als ausgesprochener »Holzfresser« gilt, aus etwa zwei Dutzend Einzelteilen zusammen. Typengerecht und in leuchtenden Farben bemalt, werden ihm zu guter Letzt Rauschebart und Haarschopf angeklebt. Nach der anstrengenden Prozedur von mehr als 100 Arbeitsgängen ist dem Nußknacker, sorgsam in Seidenpapier gehüllt, eine kurze Verschnaufpause im Versandkarton vergönnt, bevor er als »Nutcracker«, »Casse-noix«, »Cascanueces« oder wie er anderwärts sonst noch heißt, auf die Reise zu seinen künftigen Besitzern geht.

Der Tradition verpflichtet, die sich auch in der Motivwahl

ausdrückt, übernahm die PGH »Seiffener Volkskunst« nach ihrer Gründung zunächst die Herstellung des Polizisten mit Tschako und Säbel. Dem Polizisten gesellten sich in den folgenden Jahren der Dänische Wachsoldat mit der hohen Bärenfellmütze und präsentiertem Gewehr, der Nußknacker-König mit Krone und Zepter, der Soldat mit Pickelhaube, der Husar, der Förster und der hierzulande längst ausgestorbene Räuber hinzu. Alle Modelle in zwei Größen. Die Einführung neuer, im Betrieb entwickelter Rationalisierungsmittel und Technologien – z. B. das Lacktauchverfahren – ermöglichte es, die Arbeitsproduktivität ohne Qualitätseinbuße beträchtlich zu steigern. Dennoch reicht die Jahresproduktion von 50 000 Nußknackern längst nicht aus, um alle Käuferwünsche zu erfüllen. Das erfolgreiche Bemühen der PGH »Seiffener Volkskunst« um schöpferische Traditionspflege und um Nachwuchsförderung sowie die Qualität ihrer Erzeugnisse würdigte das Ministerium für Kultur durch die Verleihung des Titels »Anerkannte Produktionsgenossenschaft des Kunsthandwerkes«.

Nicht weniger begehrt als die Erzeugnisse der selbständigen und genossenschaftlichen Kunsthandwerker sind die Weihnachtsfiguren, die Holzspielwaren, der Raum- und Tafelschmuck aus dem VEB VERO Olbernhau (Vereinigte Erzgebirgische Spielzeugwerke – dem VEB Spielwarenkombinat Sonneberg zugehörig) und dem VEB Kombinat Erzgebirgische Volkskunst Olbernhau. Zu beiden gehören mehrere Betriebsteile und Produktionsbereiche im Seiffener Winkel.

Für die Erzeugnisentwicklung und -gestaltung zeichnen die Direktionsbereiche Forschung und Entwicklung sowie die Gestalterbüros der Kombinate verantwortlich. Die Designer – vorwiegend Absolventen der Fachschule für angewandte Kunst in Schneeberg oder der Hochschule für industrielle Formgestaltung Halle, Burg Giebichenstein – arbeiten eng mit dem Erzgebirgischen Spielzeugmuseum zusammen. Die umfangreiche Bibliothek und die im Magazin des Hauses aufbewahrten Zeugnisse der Volkskunst sind eine wahre Fundgrube für alle, die sich beruflich oder auch in ihrer Freizeit mit der Herstellung traditioneller erzgebirgischer Holzwaren befassen.

In der Erzeugnisentwicklung ist das Augenmerk darauf gerichtet, den wertvollen Werkstoff Holz rücksichtsvoll und werkgerecht zu nutzen, eine Synthese zu finden zwischen den überlieferten Volkskunsttechniken und den modernen Technologien heutiger Produktionsprozesse.

Wenngleich in Seiffen die Spielwarenproduktion dominiert, ist es mehr als nur die große bunte Spielzeugschachtel der Republik. Die Rinderherden, die an den Berglehnen rings um den Ort von Weide zu Weide ziehen, die Großställe für 1000 Tiere und die weithin sichtbaren silberglänzenden Hochsilos rücken unübersehbar die Landwirtschaft ins Blickfeld. Betrieben die Bergleute und Spielzeugmacher früher, der Not gehorchend, nebenbei eine bescheidene Häuslerwirtschaft, so haben sich die Genossenschaftsbauern der LPG »Schwartenberg« Seiffen/Neuhausen auf die Weidewirtschaft und Jungviehaufzucht spezialisiert.

Und wer weiß schon, daß der Winkel durch ein unterirdisches, stählernes Adernetz mit der weiten Welt verbunden ist? Bei Deutschneudorf markiert ein Gedenkstein die Stelle, an der die Erdgastrasse »Nordlicht«, die in Westsibirien ihren Anfang nimmt, das Territorium der DDR erreicht. Bei Deutscheinsiedel ist es die 138 km lange Produktenleitung, die das Chemiekombinat Litvinov-Záluzi in der benachbarten ČSSR mit dem Erdölverarbeitungswerk in Böhlen verbindet. Pipelines sind die effektivsten und umweltfreundlichsten Transportsysteme. Infolge der stürmischen Industrialisierung und der lawinenartigen Ausweitung des Verkehrs diesseits und jenseits der Ländergrenzen sehen sich die »Hüter des Waldes«, die Forstwirtschaft und die Forstwissenschaft, seit Jahren vor die schwierige Aufgabe gestellt, dem Winkel sein immergrünes Waldkleid zu erhalten und es durch Anpflanzung leistungsstarker, rauchharter Baumarten zu erneuern, wo es Schaden genommen hat. Denn das ist Seiffen – 1957 zum Kurort erklärt – mit dem Schwartenberggebiet auch: ein Zentrum des Erholungswesens.

Bereits 1734, als in Seiffen noch der Bergbau umging und das Drechslergewerbe erst Fuß zu fassen begann, stellten sich an den eisen- und kieselsäurehaltigen Quellen des Frauenbaches die ersten »Kurgäste« ein. Im 19. Jahrhundert wurde das in der Waldeinsamkeit entstandene Bad Einsiedel als höchstgelegenes Mineralbad Sachsens bekannt. Später dann machte sich der »Erzgebirgsverein« um die Erschließung des Seiffener Winkels verdient, der 1926/27 auf dem Schwartenberg das Unterkunftshaus errichten ließ. Heute bilden die ehemaligen Kuranlagen Bad Einsiedel mit dem »Berghof« Heidelberg das FDGB-Feriendienst-Objekt Oberes Erzgebirge, das jeweils 200 Urlaubern angenehmen Aufenthalt bietet. Zu den größten Ferieneinrichtungen auswärtiger Betriebe, die sich seit den fünfziger Jahren im Seiffener Winkel etabliert haben, zählt das Objekt des VEB Braunkohlenwerk Erich Weinert Deuben in Brüderwiese, einem Ortsteil von Deutscheinsiedel, mit seiner Bungalowsiedlung. Und wenn ein Ferienheim in Seiffen den Namen »Nußknackerbaude« trägt, ist das gewiß kein Zufall, wohl eher eine Reverenz an die Gastgeber der Urlauber.

Seiffen in Vergangenheit und Gegenwart: ein Dorf wie viele andere im Oberen Erzgebirge mit 3600 Einwohnern, Handwerkern und Volkskünstlern, Genossenschaftsbauern und anderen fleißigen und geschickten Leuten, mit Museen und denkmalgeschützten Besonderheiten der Natur und der Technik, mit neuen Wohngebieten, Kulturhaus, Sommerbad, Skihängen und Skilift. Und dennoch einmalig in seiner Art als »Herz des Spielzeugwinkels«, der jährlich weit über eine Viertelmillion Besucher anzieht, besonders in der Vorweihnachtszeit, wenn das Erzgebirgische Spielzeugmuseum mit seinen traditionellen Sonderausstellungen jung und alt zum Besuch anreizt und in der verschneiten Landschaft aus jedem Fenster Lichterglanz strahlt.

2
3

5
6

1 Am Krähenberg
2 Ehemaliges Huthaus am Schwartenbergweg
3 Am Krähenberg in Richtung Heidersdorf
4 Blick vom Reicheltberg auf das Ortszentrum und das Bingengelände
5 Der Seiffener Posaunenchor bei der Probe
6 Fachwerkhaus (17. Jh.) eines früheren Spielwarenverlegers an der Straßenkreuzung im Ortszentrum

7
8

7 Ehemaliges Huthaus am Schwartenbergweg
8 Schmucke Vorgärten zieren die kleinen, meist nur einstöckigen Häuser der Spielzeugmacher
9 Ehemaliges, Mitte des 16. Jahrhunderts erbautes Huthaus am Bergbaulehrpfad
10 Schneeschmelze an der Glashütte

9
10

11
12
13

11 Im Spielzeugdorf
12 Hans Lorenz, einer der ältesten Waldarbeiter Seiffens
13 Das Modell eines Wasserkraft-Pochwerkes im Ortsteil Heidelberg
14 Blick von der Friedenshöhe zum Reicheltberg
15 Tal in Richtung Niederseiffenbach
16 Aussicht vom »Bingenblick« auf den unter Denkmalschutz stehenden Ortskern Seiffens mit der Gaststätte »Buntes Haus«

14
15

Erbgericht

17
18

17 Forsthaus Niederlochmühle am Eingang zum Seiffener Grund
18 Am Hang des Ahornberges
19 Das alte Sägewerk in Deutscheinsiedel, Ortsteil Brüderwiese
20 Saubere Holzstapel kennzeichnen die Wohn- und Arbeitsstätten der Spielzeugmacher
21 Blick zur Polytechnischen Oberschule »Karl Marx«
22 Stapel von Fichten- und Buchenstämmen lagern am Sägewerk Brüderwiese
23 . . . werden am »historischen«, Ende des 19. Jh. hergestellten Mehrblatt-Vertikalgatter in Balken, Pfosten und Bretter zersägt

19
20
21

24
25

24 Im Park vor dem Rathaus Seiffen
26 Am Mittelweg, einem beliebten Wanderweg am Reicheltberg
27 Friedhofskapelle im Ortsteil Oberseiffenbach

–Baude

28
29

28 Ferienheim »Nußknackerbaude«
29 Kachelofen mit Nußknackermotiven im Speiseraum des Ferienheimes »Nußknackerbaude«

30 Wohn- und Arbeitsstube einer Spielzeugmacherfamilie aus der Zeit um 1900 im Spielzeugmuseum Seiffen

31 Fachwerkhaus mit Sonnenuhr in Deutschneudorf, Ortsteil Deutsch-Katharinenberg

32 Am Wanderweg von Seiffen nach Niederseiffenbach

33 Freilichtmuseum – Waldarbeiterwohnhaus aus dem Jahre 1813

34 Am Wasserkraft-Drehwerk des Freilichtmuseums: alte Wasserrad-Welle und Holz-Wasserröhre

Mach es wie die Sonnenuhr
zähl die heitern Stunden nur
12

33
34

35
36

35 Radstube (Übersetzungsanlage) im Wasserkraft-Drehwerk des Freilichtmuseums
36 Der Teich vor dem von 1758–1760 erbauten Wasserkraft-Drehwerk des Freilichtmuseums ist Wasserreservoir für den Wasserrad-Antrieb und zugleich Aufbewahrungsort für das Holz des Reifendrehers, das nur in nassem Zustand verarbeitet werden kann
37 Dirk Weber, der z. Z. jüngste Reifendreher, führt eine in der Welt einmalige Drechseltechnik den Besuchern des Freilichtmuseums vor
38 Zu den beliebtesten, seit 1905 hergestellten »Seiffener Miniaturen« gehören die zahlreichen Miniaturgespanne, die wieder zunehmend Eingang in die Produktion der Seiffener Spielzeugmacher finden
39 Die bekannten »Seiffener Striezelmarktkinder«

37
38
39

40
41

40 Große Pyramiden im Freien und traditionelle Weihnachtsfiguren in den Fenstern begrüßen zur Weihnachtszeit Zehntausende Besucher aus nah und fern im »Weihnachtsland«

41 Hänge-Laufleuchter im Spielzeugmuseum Seiffen, hergestellt um 1910

42
43

42, 43 Walter Werner gestaltet neben traditionellen Figuren (Spielwarenhändler, Rastelbinder, Vogelhändler) vornehmlich Themen des ehemaligen Bergbaus
44 Der Weihnachtsabend im Spielzeugdorf (Ausschnitt aus dem »Seiffener Weihnachtsberg« im Spielzeugmuseum)

45
46

45 Heinz Stephani fertigt vor allem reifengedrehte Archentiere
46 Die Arche Noah, bis etwa 1920 eines der beliebtesten Spielzeuge, wird nun von zwei Seiffener Reifendrehern wieder hergestellt
47 Nußknackerparade alter und neuer Produktion im Erzgebirgischen Spielzeugmuseum Seiffen

48
49
50
51

48 Endfertigung traditioneller Seiffener Nußknacker im VEB VERO, Betriebsteil Seiffen

49–51 Räuchermänner widerspiegeln in ihrer gemütlichen Ausdrucksweise, pfeiferauchend, das dörfliche Leben in seinen vielfältigsten Formen. Von rechts nach links: Pilzsucher, Förster, Waldarbeiter, Vogelhändler. Auch der Gemeindediener, den es früher fast in jedem Dorf gab, gehört dazu. Modernere Formen von Räuchermännern wie Grusinier und Türken, bei denen vor allem die Schönheit des Holzes zur Geltung kommt, gestaltet Heinz Auerbach

52
53

52, 53 Miniaturstuben, nur wenige Zentimeter groß, werden von Gunter Flath hergestellt

54 Die Seiffener Kirche, ein barocker Zentralbau, stammt aus den Jahren 1776/79

55 Von der Kurrende und dem Posaunenchor gestaltetes Adventskonzert in der Seiffener Kirche

56 Vor vielen Häusern erfreuen Weihnachtsbäume im Freien die Vorübergehenden

57 Winter im »Weihnachtsland«

56
57

58
59

58, 59 Der traditionelle Skifasching am Skilift des Reicheltberges
60 Vorbei an Raithalden des ehemaligen Bergbaus führen die Spuren der Skiwanderer in Richtung Ahornberg
61 Bergmann mit einem Steigerhäckchen und dem »Schönbergschen Löwen« am Eingangsportal des Rathauses
62 Der »Schönbergsche Löwe«, Wappentier der damaligen Grundherrschaft Purschenstein für das Sayda-Seiffener Gebiet in einem Tor des Schlosses Purschenstein
63 Schloß Purschenstein
64 Die von 1963 bis 1968 erbaute Talsperre Rauschenbach

61
62
63